다음 세대, 비법은 없다

The (Not-So-Secret) Secret to Reaching the Next Generation

Copyright © 2024 by Kevin DeYoung

Published by Crossway, a publishing ministry of Good News Publishers Wheaton, Illinois 60187, U.S.A.

This edition published by arrangement with Crossway through rMaeng2, Seoul, Republic of Korea.

All rights reserved.

이 한국어판의 저작권은 알맹2를 통하여 저작권사와 독점 계약한 SFC출판사에 있습니다.
저작권법에 의하여 한국 내에서 보호받는 저작물이므로 무단 전재와 무단 복제를 금합니다.

출판을 위해 강찬진, 한상우 동문이 후원해 주셨습니다.

KEVIN DEYOUNG
다음 세대, 비법은 없다

케빈 드영 지음 **김명일** 옮김

SFC

추천사

어떤 상황이나 문제에 있어 핵심적인 사실을 깨달았을 때 우리는 흔히 "뼈를 때린다."라는 표현을 자주 쓰곤 합니다. 케드 드영이 쓴 이 짧은 책은 청소년 사역에 있어 뼈를 때립니다. 처음 청소년 사역을 담당하는 사람에게는 희미하게 알던 것을 명확하게 해주고 오랫동안 이 사역에 몸담고 있었던 사람에게는 이미 알고 있었지만 행하지 못한 진실의 이야기를 솔직하게 보여줍니다. 다음세대에게 관심이 있는 사람이라면 누구나 꼭 읽어보기를 적극 추천합니다.

이기룡 목사(총회교육원장)

운동에는 기본자세가 있듯이 사역에도 기본이 되는 원리가 있습니다. 케빈 드영은 다음세대 사역을 위해서 "비밀 아닌 비밀"을 우리에게 이야기 해 줍니다. 그는 당연해 보이는 사역자의 하나님에 대한 바른 인식(믿음)과 하나님을 향한 열정(자세)이 중요함을 강조합니다. 그럼에도 다음세대에 대한 연구와 그들을 이해하는 연구자들의 수고도 잊지 않습니다. 정신 없이 달리고 있는 나에게 사역의 자세가 바른지 체크할 수 있는 책이 SFC에서 나오게 되어 기쁩니다. 이 책은 좋은 동역자를 볼 때 도전이 되고 새롭게 힘을 내는 것처럼 나 자신을 돌아보게 합니다.

케빈 드영은 젊은이들이 교회를 떠나는 이유를 찾지 않고 교회를 찾아온 이유에 관심을 갖습니다. 우리는 근본적으로 교회가 무엇을 해야하는지 원론적으로 다시 점검하고 사역해야합니다. 그래서 다음세대가 참 복음에 감격하고, 예배를 통해 하나님을 깊이 경험하길 기대합니다. 이 일을 위해 우리가 "진정성 있게 교회를 다니고 그리스도를 따르는 모습"을 보여줍시다. 우리를 통해 교회 온 다음세대가 예배를 통해 "하나님 때문에 놀라게"합시다. 이렇게 살기 위해 이 책을 통해 우리 자세를 점검합시다. 리더들과 함께 이 책을 읽는 것을 적극 추천합니다.

허태영 목사(SFC 대표간사)

이 시대 다음세대 사역이 많이 힘들다고 합니다. 그 이유가 문화가 다르고 환경이 다르고 시대가 다르기 때문이라고 생각합니다. 그래서 많은 사역자들이 전통적인 방법을 버리고, 새로운 트렌드에 전념합니다. 과연 최근 유행하는 방법론이 다음세대들을 믿음으로 변화시키는데 도움이 될까요? 케빈 드영은 매우 간결하고 강력하게 말합니다. 21세기 교회는 여전히 진리로 무장하고 다음세대에게 접근해야 합니다. 그러기 위해서 사역자들에게 열정이 필요한데, 그 열정은 복음에 대한 열정입니다. 다음 세대를 사랑하는 마음으로 나아가면 얼마든지 이 시대 다음 세대를 주님께로 이끌 것입니다. 이 세대의 사역자들이 저자의 주장대로 따라가길 간절히 소망합니다.

이정현 목사(청암교회 담임)

저는 평소 케빈 드영 박사님이 지향하는 'Theology for the Everyday'(https://clearlyreformed.org/)의 가치를 좋아합니다. 신학과 사역이 삶과 현장 속에서 실질적으로 연결될 때 비로소 진정한 의미를 갖는다는 메시지(message)에 깊이 공감하기 때문입니다. 이는 다음세대 사역에도 동일하게 적용됩니다. 많은 목회자들이 다음세대 사역의 "비법"을 찾아 헤매지만, 케빈 드영 박사님은 오히려 본질로 돌아가야 한다고 강력히 권면합니다. 비법이 아니라 다음세대의 삶과 현장을 바라보면서 우리가 놓치지 말아야 본질적인 것이 무엇인가를 고민해야 한다고 소리칩니다. 「다음 세대, 비법은 없다」에서 그는 세상의 흐름에 휘둘리지 말고, 예수님과 함께하는 데 집중하라고 단언합니다. 이 책은 단순히 부흥과 성장 비법을 찾는 이들에게 만족을 주는 책이 아닙니다. 대신, 다음세대를 위한 '본질적이고도 변함없는 사역의 방향성'을 분명히 제시하며, 독자들의 가슴을 뜨겁게 합니다. 더불어 탁월한 학자요 목회자인 김명일 박사님의 원문에 충실하면서도 시대적 감각을 살린 부드러운 번역은 이 책을 더욱 매력적으로 만들어줍니다. 다음세대를 향한 사역의 본질을 꿰뚫고자 고민하는 모든 분들께 이 책을 강력히 추천합니다!

이현철 교수(고신대학교, 기독교교육학)

목차

/ 다음 세대, 비법은 없다   11

/ 열정으로 사로잡으라   17

/ 사랑으로 얻으라   23

/ 거룩함으로 붙들라   29

/ 진리로 도전하라   39

/ 하나님으로 놀라게 하라   47

다음 세대,
비법은 없다

_ 케빈 드영

책을 출판한다는 일은 참 흥미로운 경험입니다. 한 번도 만난 적 없는 사람들이 갑자기 저를 대단하다고 생각하기도 합니다. 반면, 한 번도 만난 적 없는 다른 사람들(인터넷에 책 리뷰를 남길 사람들)은 세상에서 가장 형편없는 사람이라고 생각할지도 모릅니다. 그리고 많은 사람들은 제가 잘 알지 못하는 분야에서도 전문가일거라고 기대합니다.

제 첫 번째 책 『왜 우리는 이머징 교회를 반대하는가』가 나온 후, 목회자들과 그리스도인들은 어떻게 우리 교회가 젊은 세대에게 다가갔는지 질문하기 시작했습니다. 질문하는 사람들은 "우리는 이머징 교회가 되고 싶지 않습니다"라고 설명하곤 했습니다. "우리는 건전한 교리가 필요하고, 좋은 설교가 필요합니다. 그런데 당신의 교회에서는 다음 세대에 다가가기 위해 무엇을 하고 있나요?"

제 대답은 보통 "없습니다!"였습니다. 저는 사람들이 우리 교회의 전략이 특별하거나 대단한 것이 없다는 것을 이해하길 바랐습니다. 우리는 그저 신실하려고 노력할 뿐입니다. 하지만 얼마 후 "없습니다"라는 대답은 그다지 도움이 되지 않는다는 것을 느끼기 시작했습니다. 그래서 저는 캠퍼스 사역, 사역 구조, 소그룹 등에 대해 이야기하기 시작했습니다. 이 모든 것이 중요한 요소입니다. 하지만 이런 대답은 여전히 똑같은 이야기처럼 느껴졌습니다. "젊은 세대들에게 다가가려면 이런 프로그램이 있어야 하고, 이런 분위기를 담아야 하며, 이런 모습을 추구해야 한다"는 식이었습니다. 오해하지 마세요. 전략, 구조, 분위기에 대해 고민하는 것은 잘못이 아닙니다. 우리 교회에서 이

러한 분야에서 열심히 일하는 모든 분들에게 감사합니다. 저 또한 이 분야에서 지혜롭게 하려고 노력합니다. 하지만 이것이 다음 세대에 다가가는 비법은 아닙니다.

목회자로서 교회의 수적 성장 속도가 더뎌서 낙담한 적도 있었습니다. "왜 저 교회는 그렇게 성공했을까? 왜 3년 만에 150명에서 1500명으로 성장했을까?"라는 생각을 하기도 했습니다. 때로는 거의 비꼬는 마음이 들기도 했습니다. "주님, 만약 천국에 가서 어떤 특정 음악 스타일, 영화, 새로운 프로그램을 사용해야 성공할 수 있었다는 걸 알게 된다면 정말 실망할 것 같습니다." 하지만 정신을 차린 순간 두 가지 사실을 깨달았습니다. 첫째, 성공을 바라는 마음은 제 성화된 영혼에서 나온 것이 아니라, 죄 많은 육체에서 비롯된 것입니다. 그리고 둘째, 진정한 비법은 비법이 없다는 것입니다.

교회 밖에서든, 아니면 교회 안에서 지루하게 앉아 있든, 다음 세대에게 다가가는 일은 생각보다 쉽기도

하고 어렵기도 합니다. 그 이유는 포스트모던 이론으로 학위를 받거나, 재미없는 영화를 잔뜩 봐야 할 필요가 없기 때문입니다. "쩐다"라고 말할 필요도 없고 "핵노잼"이 무슨 뜻인지 알 필요도 없습니다.

요즘 사람들이 어떤 음악을 듣는지 몰라도 됩니다. 인스타그램에서 영향력 있는 사람이 되거나, 모두가 이야기하는 넷플릭스를 보거나, 스페셜티 커피를 마실 필요도 없습니다. 그저 예수님처럼 되기만 하면 됩니다. 그것이 전부입니다. 그러니 "세상에 맞춰갈 필요가 없다"는 점에서는 쉽습니다. 그러나 "예수님과 함께해야 한다"는 점에서는 어렵습니다. 하나님과 동행하고 사람들과 동행하면 다음 세대에 다가갈 수 있습니다.

제가 그 이야기를 조금 더 풀어볼게요. 1년 넘게 이 질문에 대해 고민한 끝에, 다음 세대에게 신앙을 전수하고자 하는 목회자, 청소년 사역자, 캠퍼스 사역자, 또는 다른 모든 분들께 다섯 가지 제안을 드리려고 합니다.

열정으로 사로잡으라

사랑으로 얻으라

거룩함으로 붙들라

진리로 도전하라

하나님으로 놀라게 하라

열정으로
사로 잡으라

점점 더 많은 사람들이 문화적 의무감으로는 교회에 가지 않습니다. 특히 젊은 세대에서 이런 현상이 두드러집니다. 새로운 세대는 기독교가 생명력이 없고, 형식적이며, 영감을 주지 않는다면 아예 관심조차 가지지 않을 것입니다. 기독교 신앙이 진지하게 시간을 들일 가치가 있는 것으로 보일 때만 진지하게 받아들일 것입니다. 우리는 형식적인 예배를 드릴 수 있지만, 형식주의에 빠져서는 안 됩니다. 격식을 차리지 않는 예배를 드릴 수 있지만, 신앙을 가볍게 대하는 태도를 가져서는 안 됩니다. 예배의 형식은 다양할 수 있지만, 젊은 세대는 열정을 보고 싶어 합니다. 그들은 우리가 진정성 있게 교회를 다니고 그리스도를 따르는 모습을 보고 싶어 합니다. 로마서 12장 말씀에 주목하는 것이 유익할 것입니다.

> 사랑에는 거짓이 없나니 악을 미워하고 선에 속하라 형제를 사랑하여 서로 우애하고 존경하기를 서로 먼저 하며 부지런하여 게으르지 말고 열심을 품고 주를 섬기라.
>
> **롬 12:9-11**

교회의 영적 온도가 뜨거울수록, 우리는 젊은 세대를 잃을 가능성이 훨씬 줄어들고, 오히려 그들을 얻을 가능성이 더 높아질 것입니다. 사람들은 하나님이 우리의 삶에서 모든 것을 삼키는 실재(All-consuming reality)라는 것을 알아야 합니다. 예배에서 우리의 진정성과 열정은 이를 표현하는 형식보다 열 배는 더 중요합니다.

나는 '진정성'에 대한 이야기, 즉 자신의 문제를 늘

어놓거나 세상 사람들의 눈에 띄도록 sns에 글을 올리는 것을 영적 성숙의 표시인 것처럼 말하는 것에 지쳤습니다. 우리가 필요한 것은 **열정**이며, **지식으로부터 나온 열심**(롬 10:2)입니다. 젊은 세대는 우리의 믿음이 정말로 우리에게 중요하다는 것을 보고 싶어 합니다. 그들은 마치 벤자민 프랭클린과 같습니다. 사람들이 그에게 조지 휫필드의 설교를 들으러 가는 이유를 "당신은 그의 말을 믿지도 않잖아요?"라고 묻자, 그는 이렇게 대답했습니다. "알아요. 하지만 그는 믿습니다." 우리의 신앙이 우리에게 지루하다면 다른 사람들에게도 지루할 것입니다. 당신에게 복음이 오래된 뉴스라면 다른 사람들에게도 지루한 뉴스가 될 것입니다.

우리가 느끼지 못하는 것은 전할 수 없습니다. 휫필드는 "뉴잉글랜드 설교자들 대부분은 알지도 못하고 느끼지도 못하는 그리스도를 이야기한다. 회중들이 이렇게 죽은 것처럼 보이는 이유는 그들에게 설교하는 이들이 죽은 사람들이기 때문이다."[1]

다음 세대—사실 모든 세대—는 복음을 개인적이고 열정적인 간구로 들어야 합니다. 대화의 시간이 필요할 때도 있지만, 선포의 시간이 또한 필요합니다. 사람들은 주일 아침 설교단에서 강의나 웅변, 토론을 듣고 싶어 하지 않습니다. 그들은 하나님의 놀라운 역사를 들어야 합니다. 그리고 그 메시지를 단지 이해하는 것뿐 아니라, 그 메시지에 사로잡힌 사람에게서 들어야 합니다.

다음 세대를 복음으로 사로잡으려면, 열정으로 그들을 붙잡아야 합니다. 그리고 그들을 열정으로 붙잡으려면, 우리 자신이 먼저 열정에 사로잡혀야 합니다. 세상은 그리스도인이 자기 의로움에 기반한 분노로 국가의 도덕적 타락을 비판하는 모습이 아니라, 하나

---

[1] Roger Finke and Rodney Stark, *The Churching of America, 1776-2005* (Piscataway, NJ: Rutgers University Press, 2005), 53.

님을 향한 열정으로 불타는 모습을 보아야 합니다. W. E. 생스터는 이렇게 말했습니다. "나는 당신이 템즈 강에 불을 붙일 수 있는지는 관심이 없습니다. 내가 알고 싶은 것은 내가 당신을 템즈 강에 던졌을 때, 강물이 끓어오를 것인가 하는 것입니다." [2]

---

[2] 다음에 인용됨. John R. W. Stott, *Between Two Worlds: The Challenge of Preaching Today* (Grand Rapids, MI: Eerdmans, 1982), 285.

사랑으로 얻으라

복음주의 교회는 문화적 트렌드를 파악하는 데 너무 많은 시간을 할애하면서, 사랑하려는 시도에는 너무 적은 시간을 보냈습니다. 우리가 사람들의 이야기를 인내심을 가지고 경청하고, 그들에게 우리의 관심을 선물로 준다면, 우리는 충분히 그들과 소통할 수 있을 것입니다. 제가 주장하는 것은 일부러 모호하게 접근하자는 것이 아닙니다. 제가 주장하는 것은 적절한 용어와 영화 장면 같은 것에 의존하지 않고, 더 강력한 힘으로 사람들의 관심을 끌자는 것입니다.

우리는 Z세대 문화를 흉내 내는 데 너무 많은 시간을 보내고 있습니다. 그 끝에 무엇이 있을까요? 우선, 보편적인 청소년 문화라는 것은 없습니다. 젊은 세대가 모두 똑같이 생각하고, 똑같이 옷을 입으며, 같은 환경에서 편안함을 느끼는 것은 아닙니다. 게다가 우리가 '다음 세대가 좋아하는 것'을 알아낸다고 하더라도 우리가 알아내는 순간 그들은 더 이상 그것을 좋아하지 않을 가능성이 큽니다. 저는 이제 세대의 변화를 기억할 만큼 나이가 들었습니다. 한때는 X세대가 대세였고, 그 다음에는 밀레니얼 세대를 겨냥해서 결코 찾을 수 없는 성배와 같은 것을 찾으려고 쫓아다녔던 시절을 기억합니다.

기억하십시오. 교회가 "멋짐(쿨함)"을 발견했을 때는 이미 그것이 더 이상 멋지지(쿨하지) 않을 것입니다. 저는 젊은 세대를 대상으로 한다는 명목으로 새로운 음악을 교회에 도입하려 했던 선의의 그리스도인들을 보았습니다. 하지만 그들이 도입한 "새로운" 음악은 "주님 당신은 사랑의 빛"과 "내 구주 예수"와 같은 곡이었습니다. 너무 신선하려고 애쓰다가 오히려 어색하고 시대에 뒤떨어진 모습이 되는 것만큼 나쁜 것은 없습니다. 차라리 찬송가와 오르간 연주를 유지하는 것이 "새로운" 음악을 어설프게 하거나 시간이 지나면서 낡아져버리는 음악을 억지로 하는 것보다 낫습니다. 새롭고 좋은 노래를 잘 부르는 것은 좋습니다. 하지만 곡이 좋지 않거나 잘 부를 수 없는 경우라면, 억지로 하지 않는 것이 좋습니다.

복음주의 교회는 문화적 동일시라는 거짓 복음을 설교하는 것을 멈춰야 합니다. 다음 세대와 똑같아지기 위해 애쓰는 데 시간을 허비하지 마십시오. 그들에게 예수님에 대해 말하고, **부끄러움 없이 사랑**하십시오. 나이가 많이 든 그리스도인들이 젊은 세대가 무엇을 좋아하는지 필사적으로 알아내려는 이유는, 사실 자신이 전하려는 사람들을 사랑할 자신이 없기 때문이라고 생각합니다.

예수님께서 가장 잘 말씀하셨습니다. "너희가 서로 사랑하면 이로써 모든 사람이 너희가 내 제자인 줄 알리라"(요한복음 13:35). 예수님은 "너희가 청소년 문화의 새로운 트렌드에 얼마나 잘 적응하느냐로 사람들이 너희를 내 제자로 알 것"이라고 말씀하시지 않으셨습니다. "너희가 얼마나 힙한 분위기를 만들어내느냐로 너희를 내 제자로 알 것"이라고도 말씀하시지 않으셨습니다. "관련성"에 집착하기를 멈추고 **사랑**에 집중하십시오. 만약 사람들이 여러분 안에서 사랑, 서로를 향한 사랑, 세상을 향한 사랑, 그리고 그들을 향한 사랑을 본다면, 그들은 여러분에게 귀를 기울일 것입니다. "그들"이 누구든 상관없습니다.

사람들과 대화하세요. 방문자를 알아보고 환영하세요. 새로운 사람들을 점심 식사에 초대하세요. 분위기 있는 커피숍에서 친근하게 대화를 시작하세요. 십대 자녀의 친구들이 집에 놀러 오는 것을 환영하세요. 물론, 사랑한다고 해서 젊은 세대가 교회를 떠나지 않는다는 보장은 없지만, 떠나기가 훨씬 더 어려워질 것입니다. 사랑한다고 해서 비그리스도인들이 그리스도께 나아오게 되는 것은 아니지만, 그 초대가 훨씬 더 매력적으로 보이게 할 것입니다.

거룩함으로
붙들라

다시 한 번 분명히 말씀드립니다. 저는 음악 스타일을 고민하거나 교회의 '분위기'에 주의를 기울이거나 문화를 해석하려는 노력이 죄악이라고 말하는 것이 아닙니다. 또한, 문화적 참여와 관련된 질문을 던지는 것이 불필요하다고 주장하는 것도 아닙니다. 제가 말하고자 하는 것은, 우리가 먼저 사랑, 진리, 그리고 거룩함의 전문가가 되지 않는다면, 문화 전문가가 되는 것은 아무 의미가 없으며, 심지어 더 나쁜 결과를 초래할 수 있다는 것입니다.

베드로후서 1:5-8에서 하나님의 말씀을 보십시오.

> 그러므로 너희가 더욱 힘써 너희 믿음에 덕을, 덕에 지식을, 지식에 절제를, 절제에 인내를, 인내에 경건을, 경건에 형제 우애를, 형제 우애에 사랑을 더하라
> 이런 것이 너희에게 있어 흡족한즉 너희로 우리 주 예수 그리스도를 알기에 게으르지 않고 열매 없는 자가 되지 않게 하려니와
>
> **벧후 1:5-8**

마지막 구절에서 발견할 수 있는 약속을 눈치채셨나요? 우리가 믿음, 덕, 지식, 절제, 인내, 경건, 형제 우애, 그리고 사랑으로 성장하고 있다면, 우리는 그리스도를 위한 무능한 사역자가 되지 않을 것입니다. 효과적인 사역의 비결이 있다면 이 구절들이 그 답을 알려줍니다. 하나님 안에서 성장하면, 사람들의 삶에 변화를 일으킬 것입니다. 만약 여러분의 교회, 성경공부 모임, 소그룹, 또는 가정에서 영적으로 의미 있는 일이 일어나지 않고 있다면, 그것은 아마도 여러분의 삶

에서 영적으로 중요한 일이 일어나지 않고 있기 때문일 수 있습니다.

저는 로버트 M. 맥체인에게서 비롯된 것으로 알려진 이 말을 사랑합니다. "내 백성의 가장 큰 필요는 나의 개인적 거룩함이다." 이언 H. 머레이(Iain H. Murray)는 맥체인의 말을 다음과 같이 인용합니다. "'무엇보다도, 자신의 영혼을 가꾸십시오,' 그는 동료 목회자에게 썼습니다. '당신의 영혼이 첫 번째이자 가장 큰 돌봄의 대상입니다. 개인적 거룩함의 성장을 추구하십시오. 하나님께서 축복하시는 것은 위대한 재능이 아니라 예수님을 닮은 위대한 모습입니다.'" [3]

이 조언을 다른 사람들에게 수십 번 전했고, 스스로에게도 수백 번 더 되뇌었습니다. 제 사역 철학의 거

---

3 Murray, "Robert Murray M'Cheyne: Minister of St. Peter's, Dundee, 1836-1843," Banner of Truth, December 1955, *Banner of Truth* (website), November 12, 2001, https://banner of truth.org/us/resources/articles/2001/robert-murray-mcheyne/.

의 전부가 맥체인의 이 말에 요약되어 있습니다. 우리 교회 성도들은 나에게 똑똑해지기보다 겸손하기를 더 요구합니다. 그들은 제가 역동적인 리더가 되기보다 정직하기를 더 요구합니다. 또한 제가 컨퍼런스에서 가르치는 것보다 가르침을 받을 준비가 되어 있기를 더 원합니다. 여러분의 말이 여러분의 삶과 일치하고, 여러분의 믿음이 여러분에게 어떤 대가를 요구하며, 그리스도인이 되는 것이 단순한 문화적 외형을 넘어서면, 사람들은 여러분의 이야기를 들을 것입니다.

바울은 젊은 디모데에게 그의 삶과 교리(가르침)를 주의 깊게 살피라고 권면했습니다(딤전 4:16). "이 일을 계속하라 이것을 행함으로 네 자신과 네게 듣는 자를 구원하리라"라고 말했습니다. 오늘날 너무 많은 사역이 거룩함과 상관 없이 이루어지고 있습니다. 우리는 교회의 방식을 바꾸는 것이 우리 자신을 바꾸는 것보다 더 쉽다는 것을 알아챘습니다. 우리는 다른 사람들과 충분히 다르지 않아서 주목받지 못했고, 그래서 차라리 모든 사람들과 똑같아지려고 노력했습니다. 그러나 오늘날 젊은 세대는 세상과 적당히 어울리는 문화적 기독교를 원하지 않습니다. 그들은 삶을 변화시키고 공동체를 새롭게 하는 뚜렷한 기독교 신앙을 원합니다. 우리가 다음 세대에 다가가는 데 더 큰 진전을 이루려면, 우리 자신이 거룩함에서 더 큰 진전을 이루어야 할 것입니다(딤전 4:15).

다음 세대는 단지 교회 밖에 있는 것이 아닙니다. 그들은 매주 우리 교회에 앉아 있는 청소년들입니다. 우리는 종종 그리스도인 청소년들이 대학에 진학한 후 얼마나 많이 교회를 떠나는지에 대해 듣곤 합니다. 그러나 연구에 따르면, 대부분의 학생들이 교회를 떠나는 시점은 대학이 아니라 고등학교입니다. 우리 아이들이 교회를 떠난 원인은 진보적인 교수들에게 있는 것이 아닙니다. 그것은 그들의 완고한 마음 때문이기도 하고, 오히려 우리의 낡고 타협적인 신앙 행태 때문이기도 합니다.

우리의 문제 중 하나는 가정에서 기독교 신앙을 올올바른 본보기로 보여주지 못했고, 교회에서 우리의 청소년들을 성숙한 그리스도인 성인들과 연결시키는 데 실패했다는 점입니다. 한 청소년 사역자는 이렇게 말했습니다. "우리 청소년들이 청소년 사역(주일학교와 제자 훈련 모임 포함)에 얼마나 자주 참석했는지는 그들이 성숙한 그리스도인 성인으로 성장할지 여부를 예측하는 데 있어 좋은 지표가 되지 못했습니다."

대신,

거의 예외 없이, 성인이 되어서도 신앙이 성장하는 청소년들은 두 가지 부류 중 하나에 속했습니다. 첫째, 그들의 부모 중 적어도 한 명이 그리스도인으로서 성장의 모델이 된 가정에서 자란 경우, 둘째, 교회 내에서 성인들과 깊은 관계를 형성하여 교회가 그들에게 확장된 가족과 같은 역할을 하게 된 경우였습니다. [4]

---

[4] Mark DeVries, *Family-Based Youth Ministry: Reaching the Been-There, Done-That Generation* (Downers Grove, IL: InterVarsity Press, 1994), 63.

마찬가지로, 사회학자 크리스천 스미스는 다음과 같이 주장합니다.

> 대부분의 청소년과 부모가 그것을 깨닫지 못하지만, 종교 사회학 분야의 많은 연구는 청소년의 종교적 삶을 형성하는 데 가장 중요한 사회적 영향이 본이 되는 부모와 삶으로 가르치는 종교라는 것을 시사합니다.[5]

이 모든 내용에서 얻을 수 있는 교훈은 매우 분명합니다. 경건하고 성숙한 그리스도인을 배출하기 위한 필수적인 조건은 경건하고 성숙한 그리스도인입니다. 물론, 훌륭한 부모 밑에서도 때로는 방황하는 자녀가 생길 수 있고, 신실한 멘토라고 해서 항상 제자들에게 선한 영향을 미치는 것은 아닙니다. 개개인의 거룩함이 거듭남의 열쇠는 아닙니다. 성령은 그가

---

[5] Christian Smith, with Melissa Lundquist Denton, *Soul Searching: The Religious and Spiritual Lives of American Teenagers* (New York: Oxford University Press, 2005), 56.

원하시는 곳에 역사하십니다. 그러나 분명히 알아야 할 것은, 베드로후서 1장의 약속은 여전히 참되다는 것입니다. 우리가 거룩하면 열매를 맺게 될 것입니다. 성숙한 그리스도인들과의 개인적인 친밀함, 그것이야말로 다음 세대가 그 어느 때보다도 필요로 하는 것입니다.

진리로 도전하라

교회 성장의 전성기에는 학자들과 목회자들이 지나치게 단순화 하지 않으면서 어떻게 사람들에게 다가갈 것인지 고민했습니다. 오늘날 저는 오히려 지나치게 단순화하지 않는 것이 바로 사람들에게 다가가는 길이라고 주장하고 싶습니다. 지금은 좋은 성경의 가르침으로 사람들에게 도전할 수 있는 문이 그 어느 때보다 열려 있습니다. 사람들은 교리를 배우고 싶어합니다. 실제로 그렇습니다. 심지어 비기독교인들도 마찬가지입니다. 그들이 교리를 다 받아들일지는 모르지만, 그리스도인들이 실제로 무엇을 믿는지 알고 싶어 합니다. 젊은 세대는 단순히 기분 좋은 위로에 만족하지 않습니다. 그들은 진리를 있는 그대로, 꾸밈없이, 그리고 당당하게 듣기를 원합니다.

 톰 레이너는 몇 년 전, 이전에 교회를 다니지 않던 사람들이 "당신은 왜 이 교회를 선택했습니까?"라는 개방형 질문에 답하도록 하는 연구를 진행했습니다. 많은 설문조사가 교회를 다니지 않는 사람들이 교회에서 무엇을 원하는지 물어보았지만, 이 연구는 실제로 교회를 다니게 된 이유를 물었습니다. 그 결과는 놀라웠습니다. 응답자의 11%는 예배 스타일 때문에, 25%는 어린이/청소년 사역 때문에, 37%는 교회에서 하나님의 임재를 느꼈기 때문이라고 답했습니다. 41%는 교회 사람 중 누군가가 그들에게 전도했다고 했고, 49%는 교회의 친절함을 이유로 들었습니다. 그렇다면 가장 높은 비율의 응답은 무엇이었을까요? 교리와 설교였습니다. 88%는 교리가 그들이 교회를 선택한 이유라고 답했으며, 90%는 설교가 교회로 이끌었다고 답했습니다. 특히 확신과 권위를 가지고 설교

하는 목사가 가장 큰 영향을 미쳤습니다. [6]

한 여성은 이렇게 말했습니다.

> 우리는 기독교인이 되기 전에 여러 가지 이유로 다양한 교회를 방문했습니다. 많은 설교자들이 권위 있게 말씀하지 않는다는 것을 느꼈습니다. 그들은 성경의 어려운 문제들은 거의 다루지 않았고, 다른 이슈들도 부드럽게 넘어가곤 했습니다. 지금 와서 생각해보니 저는 진리를 갈망하고 있었습니다. 왜 설교자들은 얕고 피상적인 설교가 기독교인이 아닌 우리 같은 사람들을 포함해 아무에게도 도움이 되지 않는다는 것을 깨닫지 못하는 걸까요? [7]

교회 밖의 사람들에게 다가가는 데 있어, 담대하고 깊이 있는 성경적 설교는 문제가 아니라 오히려 해결

---

6 Thom Rainer, *Surprising Insights from the Unchurched* (Grand Rapids, MI: Zondervan, 2001), 74.

7 Rainer, *Surprising Insights*, 62.

책입니다.

우리 교회의 다음 세대 역시 도전을 받아야 합니다. 미국 청소년들의 종교적, 영적 삶에 대해 다룬 책에서 크리스천 스미스는 "도덕적 치료적 이신론"이라는 표현을 사용해 미국 청소년들의 영성을 설명했습니다. 그들은 도덕적으로 좋은 사람이 되어야 한다고 믿고, 종교는 평화, 행복, 안정감을 주어야 한다고 생각합니다. 또한 하나님이 세상을 창조하셨지만 일상의 세부적인 일들에는 별로 관여하지 않는다고 믿습니다.[8]

이런 믿음이 우리 교회에서 가장 똑똑하고 뛰어난 사람들, 심지어 이 책을 읽고 있는 사람들 중 일부의 신앙일 수도 있다는 점을 간과해서는 안 됩니다.

교회의 사람들은 어리석거나 학습 능력이 없는 것이 아닙니다. 대체로 그들은 단지 배우지 못했을 뿐입니다. 아무도 그들에게 깊은 생각을 하거나 어려운 책

---

[8] Smith and Denton, *Soul Searching*, 162ff.

을 읽으라고 도전하지 않았습니다. 아무도 그들에게 성경적이고 신학적인 관점에서 신앙을 명확히 표현하라고 요구하지 않았습니다. 우리는 젊은 세대들에게 아무 기대도 하지 않았고, 그 결과 아무것도 얻지 못했습니다. 몇 세대 전에는 스무 살의 나이에 결혼하고 가정을 꾸리며, 실제로 일을 하거나 전쟁에 참여하기도 했습니다. 그런데 오늘날에는 서른 다섯 살이 된 사람들이 페이스북에서 시간을 보내며 방향을 찾고 자아를 발견하기 위해 애쓰고 있습니다. 우리는 도전을 받아야 할 때 오히려 지나치게 보호받았습니다.

다음 세대를 진리로 도전하려면 정직한 자기 성찰부터 시작해야 합니다. 우리는 이렇게 질문해야 합니다.

- 나는 성경의 줄거리를 알고 있는가?
- 나는 기독교 신학을 알고 있는가?
- 나는 깊이 있는 기독교 책을 읽고 있는가?
- 나는 칭의, 구속, 원죄, 속죄, 점진적 성화에 대해 알고 있는가?

- 나는 정말 복음을 이해하고 있는가?

우리가 먼저 자신에게 도전하지 않으면 다른 사람에게 도전할 수 없습니다. 이것이 바로 이 책을 쓴 중요한 이유 중 하나입니다. 나는 "평범한" 교회 신자가 자신의 신앙에 대해 더 깊이 생각하기를 바랍니다. 제가 대학 시절 어느 날 밤에 깨달았던 것처럼, 많은 그리스도인들이 자신이 배워야 할 것이 얼마나 많은지 깨닫기를 바랍니다.

미국의 기독교는 폭이 1km, 깊이는 1cm라는 말을 들어본 적이 있을 겁니다. 사실 이제는 그 폭조차도 절반으로 줄어들었습니다. 기독교의 영향력이 예전처럼 널리 퍼져 있지 않습니다. 나는 미국에서 기독교가 다시 1km의 폭을 가지려면 먼저 1km의 깊이를 찾아야 한다고 확신합니다. 얕은 기독교는 다가오는 세대에서 지속되지 못할 것이며 성장하지도 못할 것입니다. 문화적 기독교는 점차 사라지고 있습니다. 21세기 교회는 진리에서 크게 나아가거나, 아니면 그냥 집으로 돌아가야 할 것입니다.

하나님으로
놀라게 하라

  부디, 다음 세대를 단순히 도덕주의로 접근하지 마십시오. 부정적인 내용("성관계를 갖지 마라, 교회에 나가라, 전도하라, 술, 담배를 멀리하라, 마약을 멀리하라")이든 긍정적인 내용("재활용하라, 우물을 파라, 노숙자를 먹여라, 손목 밴드를 사라")이든 말입니다. 복음은 우리가 하나님을 위해 무엇을 해야 하는지가 아니라, 하나님께서 우리를 위해 무엇을 하셨는지에 대한 메시지입니다. 그러니 하나님의 본질과 그분께서 우리를 위해 행하신 좋은 소식으로 그들을 사로잡으십시오.

우리는 마치 하나님에 대해 말하는 것을 두려워하는 것 같습니다. 아마도 하나님을 진정으로 알지 못하기 때문일 것입니다. 아니면 사소한 일에 빠져 사는 것을 더 선호하기 때문일 수도 있습니다. 아니면 하나님을 아는 것이 실제 삶에 큰 도움이 되지 않는다고 여기기 때문일지도 모릅니다. 저도 이런 불신앙과 싸웁니다. 내가 더 큰 믿음을 갖고 하나님께서 다음 세대의 마음과 생각을 사로잡기에 충분하신 분임을 신뢰한다면 얼마나 좋을까요! 저나 여러분의 일보다 그분의 일이 훨씬 더 중요합니다. 그러니 하나님을 중심에 두십시오. 상투적인 말들을 심오한 진리와 혼동하지 마십시오. 알지 못하는 신을 선포하지 마십시오. 우리는 하나님이 누구시며 어떤 분인지 알고 있습니다(사도행전 17:23). 그리고 하나님을 당신의 수준으로 축소하지 마십시오. 사람들이 참된 하나님에 목말라한 때가 있다면, 지금이 바로 그때일 것입니다.

거룩하고, 자존하시며, 우리와 다른 하나님을 그들에게 전하십시오. 선하고, 정의로우며, 진노와 자비로 가득한 하나님을 전하십시오. 주권적이고, 강력하며,

온유하며, 진리로 충만한 하나님을 그들에게 보여주십시오. 경계가 뚜렷한 하나님을 전하십시오. 희석되지 않은 하나님, 그들을 소중히 여기고 안전함을 느끼게 하며 동시에 자신을 작고 불편하게 만드시는 하나님을 전하십시오. 모든 것을 자신의 뜻의 계획에 따라 행하시고 그분의 이름의 영광을 위해 일하시는 하나님을 전하십시오. 넘치도록 자유로운 사랑을 가지신 하나님, 경외와 두려움을 느낄 만큼 놀라운 하나님, 우리의 모든 믿음과 소망, 사랑을 담기에 충분히 크신 하나님을 그들에게 전하십시오.

여러분의 친구, 교회, 가족, 자녀들이 하나님이 우주의 중심이라는 사실을 알고 있나요? 그들이 당신의 삶에서 하나님이 중심에 계시다는 것을 볼 수 있나요?

누군가가 보좌에 앉아 있는 꿈을 꾸었다고 상상해 보십시오. 무지개가 보좌를 둘러싸고 있고, 보좌 주변에는 24명이 있습니다. 보좌에서 번개와 천둥이 나오고, 보좌 앞에는 일곱 개의 등불이 밝게 빛나고 있습니다. 보좌 앞에는 유리 바다가 펼쳐져 있으며, 네 가지 이상한 생물이 보좌 주위를 둘러싸고 보좌에 앉아 계신 분께 감사드리고 있습니다. 그리고 24명의 사람들이 보좌에 앉아 계신 분 앞에 엎드리고 있습니다. 이런 꿈을 꾼다면, 요셉을 감옥에서 불러내 꿈을 해석할 필요도 없습니다. 이 꿈의 중심은 보좌이고 그 꿈의 의미는 하나님이십니다.

물론 이것은 평범한 꿈이 아닙니다. 요한계시록 4장에 나오는 요한의 환상입니다. 그리고 그것은 지금 이 순간에도 현실입니다. 여러분의 고통, 두려움, 유혹, 적대감, 화장, 옷, 비디오 게임, 온라인의 재미있는 영상, 최신 유행어, 최신 아이폰 등 우리 문화가 젊은 세대에게 중요하다고 말하는 그 무엇보다도 더 실질적이고 지속적이며 영향력 있는 존재가 하나님이십니다. 지금과 영원히 중요한 것은 보좌에 앉으신 분을 향한 끊임없는 예배입니다.

그리스도를 위해 다음 세대에 다가가려고 할 때, 여러분의 지식이나 유머, 외모로 그들을 놀라게 할 수도 있고, 아니면 하나님으로 그들을 놀라게 할 수도 있습니다. 제 삶에도 많은 것이 필요합니다. 일정, 세부 사항, 끝도 없는 할 일 목록이 있습니다. 저는 음식, 물, 집이 필요합니다. 잠도 필요하고 더 운동해야 하고, 더 건강하게 먹어야 합니다. 그러나 저와 여러분의 가장 큰 필요는 하나님을 아는 것, **하나님을 사랑하는 것, 하나님을 기뻐하는 것**, 그리고 **하나님을 높이는 것**입니다.

우리 앞에는 엄청난 기회가 놓여 있습니다. 대부분 사람들은 가볍고 덧없는 삶을 살아갑니다. 우리는 그들에게 스타일이 아닌 본질을 줄 수 있습니다. 그들의 점점 작아지는 삶을 이해할 수 있도록 크신 하나님을 보여줄 수 있습니다. 우리는 사소함 대신 초월을 가르칠 수 있습니다. 우리는 잔재주나 장치, 게임보다 더 지속적이고 더 강력한 무언가로 그들에게 다가갈 수 있습니다. 우리는 하나님으로 그들에게 다가갈 수 있습니다.

상상해 보십시오. 하나님을 위해 다음 세대에 다가

가는 것, 그들에게 더 많은 하나님을 보여 주는 것, 그것은 충분히 가능성이 있는 방법이며 실제로 효과가 있을 것입니다.

다음 세대, 비법은 없다

초판 1쇄 발행 2024년 12월 25일

지은이	케빈 드영
옮긴이	김명일
펴낸이	허태영
디자인	그리고그린
펴낸곳	에스에프씨(SFC)출판사
주소	(06593) 서울특별시 서초구 고무래로 10-5 2층
Tel	(02)596-8493
Fax	(02)537-9389
홈페이지	www.sfcbooks.com
이메일	sfcbooks@sfcbooks.com
기획/편집	편집부
ISBN	979-11-989050-3-1
값	7,500원

잘못된 책은 구입하신 곳에서 교환해드립니다.